OUI LOVE SHAPES

An English/French Bilingual Word Book

by Oui Love Books

ODÉON LIVRE
CHICAGO
2018

odeonlivre.com

le cercle

circle

la balle

ball

la Terre

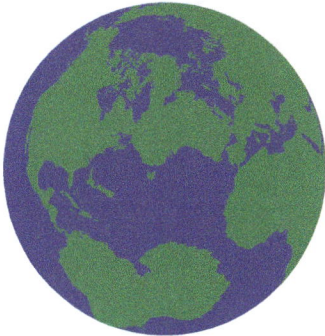

the Earth

la tomate

tomato

le carré

square

la boîte

box

la fenêtre

window

l'échiquier

chessboard

le triangle

triangle

la pyramide

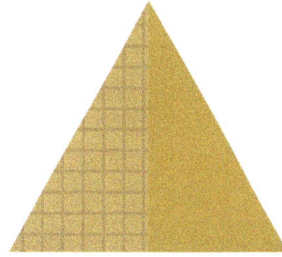

pyramid

la montagne

mountain

la pizza

pizza

le rectangle

rectangle

le livre

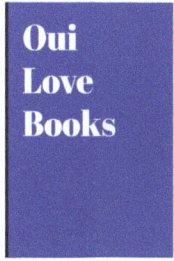

book

l'enveloppe

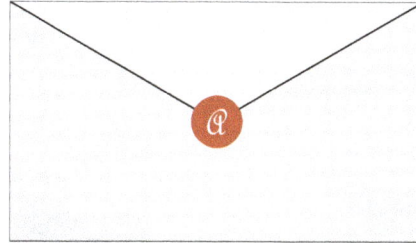

envelope

la porte

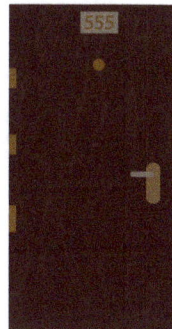

door

le pentagone

pentagon

la maison

house

le bateau

boat

le marbre

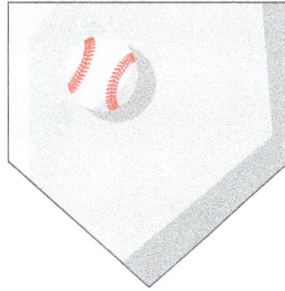

home plate

l'hexagone

hexagon

le nid d'abeille

honeycomb

la carapace

shell

le crayon

pencil

l'octogone

octagon

le parapluie

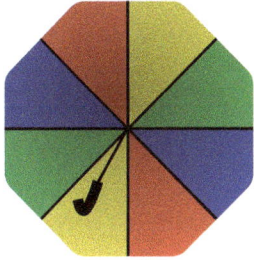

umbrella

le panneau stop

stop sign

le trampoline

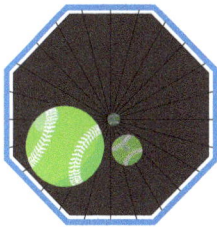

trampoline

le losange

rhombus

le terrain de baseball

baseball field

le cerf-volant

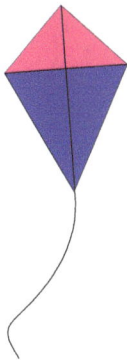

kite

le carreau

diamond suit

l'étoile

star

la fleur

l'étoile de mer

starfish

le Soleil

the Sun

l'ovale

oval

le ballon

balloon

la raquette

racket

l'œuf

egg

le rectangle arrondi

rounded rectangle

la gomme

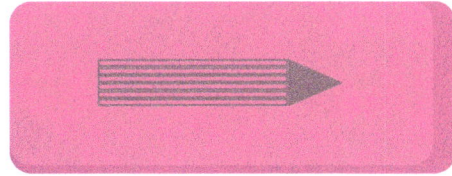

eraser

le sac

bag

le skateboard

skateboard

le croissant

crescent

la Lune

the Moon

la banane

banana

le croissant

croissant

www.ingramcontent.com/pod-product-compliance
Lightning Source LLC
Chambersburg PA
CBHW050639150426
42813CB00054B/1115